당신이라는 이름의 꽃말

정성환 시집

문학의전당 시인선
0280

당신이라는 이름의 꽃말

정성환 시집

문학의전당

시인의 말

빛나는 슬픔
부서진 추억
그래도 당신에게 언제나 귀 열었다

간혹 갈 곳 잃은 언어들이
지친 나에게 돌아와 주었다

기다리던 빈 하늘
너무 많아서
돌 되어버린 내 그리움
이제야 울컥 핀다

산 채로 뭉클해지고
미치도록 흐드러져서
꽃바람에 그림자 부푼다

기억 잃어가는 어머니께 이 시집을 바친다

2018년 4월
정성환

차례　　　　　　　　　　시인의 말

제1부

끝이 아니다　13
뜨거운 눈이 내린다　14
지룡(地龍)의 꿈 제조법　16
산만디 사람들　17
당신에게 스며들기　18
그림엽서　20
나는 아주 잘 지낸다　22
기찻길　23
몽골초원의 꿈　24
허수아비　26
서열　27
수취인 불명　28
사람을 찾는다　30
선지국밥　32
기약　33
불꽃처럼 사는데도　34

제2부

누수현상　37
그럴 나이　38
너에게 처음 건너가던 날　39
이놈의 나이　40
저희 가운데 계시나이다　42
고해성사　44
봄동처럼　45
눈[目]　46
충고　48
사월 목련　49
실례지만 몇 살이세요?　50
만추　52
길을 내어라　53
금단현상　54
무인도　56
입춘대길　58

제3부

그 집 앞 61

밥 62

단풍이 피었다 64

그림자 66

마음 두드리다 67

나팔꽃 사랑 68

낙엽 70

테트라포드의 사랑 72

당신이라는 이름의 꽃말 73

호출 신호 74

매미 76

박하사탕 78

사랑 반대말 79

장맛비 80

수박씨처럼 82

제4부

못다 한 고백   85
부전자전   86
눈물꽃   88
부동(不動)   90
생을 듣다   91
어머니 발톱   92
우수수   94
음성사서함에 메시지가 하나 있습니다   95
아버지를 읽는다   96
경계에 서다   98
엄마가 다녀가셨다   100
죽도록 사랑해라   101
빈 화분   102
사는 게 눈부시다   104
진달래 꽃피다   106

해설 | 연민의 시학   107
     | 전해수(문학평론가)

제1부

끝이 아니다

설거지 끝내고
커피 내어 남향집 햇살 마루에
신문 펼친다

세설(世說)에만 귀 기울이다 구석에서 뜨겁게 통곡하는
부음 뒤늦게 본다
아무도 가는 사람 오래 붙들지는 않았다
빽빽한 숲길 같은 이름들 사이로 끝끝내 활자처럼 가벼워져
홀연 떠나도
이름에서는 여전히 마른 풀내가 나고
푸른 바람 일어서
갓털[冠毛]을 달고 먼 하늘 날아 씨앗으로 다시 오는 듯했다

모처럼 나는 혼자여서 가여운 상주가 되기로 했다

뜨거운 눈이 내린다

차창에 악착같이 들러붙는 눈발 보며
차마, 브러시로 그 지난한 흔적
지울 수 없었다
차가운 몸 뜨겁게 던지는 눈발들을 보다가
악착같은 것과 살아가는 것의 차이는
무얼까, 문득 생각했다

우리는 이 눈이
그칠 것을 안다, 우리 삶처럼
그럼에도 거룩한 생활의 세상에
한 몸 으깨어 쓰러지더라도
내리고 내려서 남모를 순정의 알갱이로 매달려 살다가
꾸벅꾸벅 졸린 듯 사라진다

진정으로 산 채로 쏟아지는 저들에게
한 번쯤은 붙잡혀, 철저히 고립되어
찬미하듯
새하얀 도화지 덮어쓰고 있다가

봄 되면 눈물자국 없이
태어나고 싶다

36하고도 영점 5가 더해지는 나는
저들보다 더 뜨거워야, 낫지 않는가
두려움 없이
저절로 살아지는 세상은 없다
그것 또한
절절한 힘임을 안다

지룡(地龍)의 꿈 제조법

씨앗은 아니지만
세상 낮은 땅속 어둠 속에서 꿈틀거리며
매일 꿈 만든다
사는 일이 쉽지도 않지만 단 한번에
끝나는 것도 아니니까,
빛 잃은 그믐달도 절망하지 않고
어떨 때는 눈물로
혹은 그리움으로 빈속 채우며
보름달 되어가듯
나는 한평생 한일자로 외길만 굳건히,
알알이 햇살 버무린
거친 흙도 씹어가며 오물오물 걷다 보면
푸른 꿈 매달고 있는
정이 많은 나무 될 수 있을까,
용의 잔해 떠돌다
나무로 환생한다는 메아리 화석이 되기 전에

산만디* 사람들

오지 마라 서러운 슬픔아,
산 끝 별이 되어 눈멀게 하리니
제 힘으로 사는 사람들 더는 밀어내지 마라
억울해서 답답해서 하늘 가까이 사는 것이라
부서져도 스러지지 않는 파도 같은 아버지들이다
저녁 어스름마냥 어벌쩡 언덕바지까지 슬슬 기어올라
산만디 사람들의 푸른 꿈 잠시 빼앗아 어둠에 가두더라도
구만리 앞날 두려움으로 머뭇거리게 하더라도
단단한 희망 붙잡아 더디 오게 하더라도
새벽빛은 산만디부터 살아 내려간다
차곡차곡 살아가는 사람들
너는 이길 수 없다

---

*산꼭대기, 산고개를 일컫는 경상도 사투리.

당신에게 스며들기

산수유꽃 아직 돌아오지 않아

문밖에 봄볕 깔고 기다리는데

경로당 어르신들 내 밑동에 막걸리 부으며

수군대는 말로 매를 든다

사월이 목전인데 저것이 해걸이 하는갑다

이제나저제나 마중 나온 나는 부끄러워 못 들은 척

작년에 피고 가버린 것들 또다시 환생하는 일

그쪽에서 이리 건너오기가 쉬운 일인가

하물며 내가 당신에게 스며드는 일은 어떠신가

글썽글썽 봄 여는 소리 아직 차갑지만

몸 안에서는 뜨겁게 불 지피는 중

먼 데서 오는 불꽃들 스며들 때까지만 쉿,

산수유꽃 당신 속에서 웃을 일만 남았다

그림엽서

독일 슈튜트가르트 중앙역

다시는 길 잃지 않겠다며
고집 센 구름은 철도 위를 걷고 있었고
팽팽하게 속눈썹 치켜세운 바람은
플랫폼에서 길 잃었다

그림엽서는 말이 없어 더 아름다웠다

남겨진 사람은 부둥켜안은 가슴이거나
가난한 눈동자 속에다
식어버릴 추억이라도 한 움큼 묻어두곤 했는데
규칙은 없어도
돌아갈 곳이 있는 여행자는 그림엽서를 샀고
갈 데 잃은 이는 엽서에 눈길조차 담지 않았다

아무리 떠돌아도 떼어낼 수 없고
눈감으면 온 세상이 되는 당신이라서

함부로 그리워하다 허기진 이름만 쓰다가 말다가
만지작거리다 남루해진 몇 줄 겨우 보태면

푸른 소인 찍힌 이국의 엽서는
신비의 기도문 되어 끝내 돌아갈 곳, 당신을
밤새도록 암송하리라

나는 아주 잘 지낸다

독거독거독거독거 발음하다 보면
어릴 적 툇마루 밑에서 살던 도그 새끼가
생각나 그 말 싫은데
삼나무 뾰족한 손들 잿빛 하늘구름 콕콕 찔러
고인 빗물 우두둑 털어내는 새벽부터 나는 절간
혼자 사니 할 말도 갈 길만큼 멀어져
쫑긋 정신 세워 봐도 가는귀만 먹는다
기나긴 구약 시편 읽다 모세도 다윗도 지쳐 들어가면
한낮인데도 외로움 굵어져 가슴에 큰 돌멩이
하나 얹어야 살 것 같다
침묵에 짓눌린 장판지 푸른곰팡이 벽 타고 이리저리 다니는데
내 문밖 외출은 늦게 돌아온 메아리마냥 뒷심도 없고
일기라도 한 줄 쓸라치면 유서 같고
부모님 전 상서로 시작하는 편지는 아예 부칠 수 없는 독거의 밤,
나는 이미 다 자란 사람처럼
오늘도 아주 잘 지낸다고 말했다

기찻길

　기약 없도록 깜깜한 터널에서도 동해 남부선 바다에 몰려오는 은빛 비릿함에도 식어버린 밤별들이 힘없이 떨어지는 한밤중에도 우리는 길 잃지 않고 끝없이 수평비행을 한다 영원한 이별 아니니 굳건한 레일에 쏟아내는 하나마나한 동정은 사절하고 날개 한가득 꽃가루 묻혀 팔랑팔랑 수분(受粉)하는 나비 떼처럼 와서 백년보다도 길게 우릴 이어줄 땅끝 완행열차 기다린다 역사(驛舍) 시간표대로 덜컹 덜거덩 뜨겁게 레일 달구면 놓았던 손잡아 당신 부드럽게 불러 안고 외롭던 평행선의 꿈길 줄줄이 다시 잇는다 이젠 알겠지 새벽이슬 눈뜨듯 몸이 차가워지면 다음 기차가 올 때까지만 잠시 안녕, 머지않아 강철 심장에 노을처럼 뿌려질 피가 돌고 기차가 날아들고 꽃 피고 사랑 끓고 바람 밀려오고 밀려가고

몽골초원의 꿈

천지사방이 동글동글한 몽골초원

닳고 닳은 꿈과 삶에 지친 내가 말없이 화해하며 닮아가는 곳

고도까지 올라오느라 한 점 한 점 저절로 뜨거워지는 별처럼

뜨겁게 품었던 꿈들 저 푸른 여백에 풀어

한 번쯤은 달리게 해주고 싶은 곳

높고 낮음 재지 않고 생활 속 모든 꿈의 아비 되어

영글어 갈 때까지 소중히 안아주는 곳

태어나서는 안 될 꿈 없기에

세상에 힘 되는 꿈은 모두 척박하기에

거기서 길 잃은 꿈들 지치면 들꽃도 되었다가

땅거미 질 때 외로운 고비사막 걸어갈 칭기즈칸도 되고

여차하면 낙타라도 되어 너에게 걸어갈 수도 있는데

몽골초원에는 꿈들이 지천이다

허수아비

출근하자마자 인사발령이 사내 게시판에 떴다
네모난 칸 속에 갇혀 있는 내 이름이 고개 숙이고 있다
가시 울타리에 버려진 죄인이었다
박차고 나가려는데 허수아비처럼 주먹이 풀린다
고등학생인 막내가 떠올라
조용히 다시 앉는데 손끝이 떨렸다
사람이 사람에게 돈 때문에 고개 숙인다는 것이
가끔 먹먹할 때가 있다
지금까지도 바람 불면 넘어지기 일쑤였는데
그저 새들에게 들키지 않으려고 깡통 달고
큰소리로 웃으며 왔는데
또다시 아무도 없는 벌판에
말없이 서 있어야 곡식 같은 아이가 산다고 한다

서열

가족 간에도 서열이 있다
얼핏 보면 가장(家長)이 가장 높은 것 같은데 실상은 아니올시다
우리 집 서열은 비 오는 날 확연히 드러난다
서열 가장 높은 사람이 제일 좋은 우산을 가져가기 때문
세련되고 우아하고 게다가 비싸게 산 우산은 큰아이 차지
튼튼해서 태풍에도 끄떡없을 것 같은 우산은 둘째 녀석 것
그나마 볼품 있는 것은 아내가 슬며시 챙긴다
나에게 남겨진 것은 우산살이 부서져 한쪽이 너덜거리는 우산이거나
소나기에 급히 산 싸구려 비닐우산뿐
쏟아지는 문밖 삭달비 속에
우리 가족들이 길게 줄지어 간다

수취인 불명

올 겨울은 유독 날이 찼다

녹차 잎에 뜨거운 물 부으니 기지개하며 잎들이 다리를 편다

내 속에서도 뜨거운 것 기다리며

쪼그리고 앉아 있는 남쪽지방 언어들

바닷바람에 얼었다 녹았다

온순하다가도 쉽게 마음잡지 못하는 듯했다

별마저 바람에 씻겨 사라진 밤에는 더 멀리 나다녔고

또랑또랑한 아침이면 어김없이 우체국을 서성거렸다

진작 전하지 못해 입 안 가득히 고이던 미련

나는 무슨 맘으로 보냈을까

그리워서 종일 너 기다리던 나의 말들

보내는 것이 아니었다

빈손으로 돌아오는 저녁 구멍 숭숭 뚫린 맘속으로

녹차 잎처럼 살아 돌아오는 너의 말들

사람을 찾는다
—영도(影島)

닳아버린 관절이나 가난이 대개 그렇지만
외로움도 사람 지치게 한다
섬 치고 바람이 지신(地神) 아닌 곳
없지만 저기 저 영도에는
팽팽하게 날선 외로움이
쉬이 부리는 바람과 붙어서 살고
허공에 거미줄 치듯
알량하게 그 틈 사이에 끼어 사람이 재주껏 산다
언제고 내키는 대로
섬을 삼키기도 내뱉기도 하고
갯바위 밑바닥부터 은근히 일어
따개비 적시어 깨우고
장승 같은 해송 잎들 흔들어
습벽처럼 휘파람도 불고
돌담 사이 끼고 덧문에 이르러
소리 높여 불면의 밤 부르면
토막 난 잠은 육지 꿈길 끊어버린다
고단한 전깃불 기침하듯

한 집 두 집 밝히면

아 붉음, 한바탕 먼동 밑에서

뜨거움 건져내 밑천 삼고

또 얼마나 많은 파도로 육지 쫓겠는가

영도는 외로워 외로워

바람같이 울며 사람 찾는 것이다

섬에 들면 바람이

외로움을 사람들 가슴속에

몰래 파묻는 중이다

선지국밥

밤하늘에서 별 하나 캐내어
가난한 내 가슴에 슬픔 하나 메운다

창백한 낮달 하나 파내어
얼어붙은 내 가슴에 그리움 하나 메운다

뜨거운 너
입김을 후후 불어 주었다

혼자인 나
파여서 술술 구멍 난 자리

붉게 피어나는 이름 하나로 메운다

기약

손가락 마디 바람 들도록
가을 추위 기웃거리는 오후
삼거리 아랫반송도서관 앞 햇볕 자글자글한
계단 펼쳐놓고 할매들 알타리무 판다

푸른 무청 덮어쓰고 떨고 있는 어린 것들까지
귀퉁이에 깔아두고
장승처럼 난전만 지키고 있다

시멘트 바닥에 쭈그린 옹색한 슬픔이
주름살 속으로 아리게 파고들 뿐
말없이 저승꽃 아로새기다가
서리서리 풀어진 어둠 이고 가는데
내일은 누굴 데리고 오실까

불꽃처럼 사는데도

팽팽한 겨울바람 영글어 가면
사무실에서 일하는 나는 괜스레 죄 짓는 기분이 든다
내 불알친구 진수는 용접공
봄날 약수 뜨러 산 오르듯 아무렇지 않게
맨몸으로 난간을 탄다
세상 모든 불 끌어다가 차갑고 냉정하고 딱딱한 것들
사이좋게 이어 붙인다
마스크에 겁 없이 쏟아지는 용접 불똥만큼
사는 게 가볍지도 짧지도 않아서
친구는 창문 없는 여관 달방에 산다
오십 넘도록 혼자 사는 친구는 그래서
불꽃같은 여자보다 전구가 약해 흐릿한 불빛마냥
따뜻한 여자가 그립다고 한다
술 취하면 엄마도 보고 싶다고 운다
불꽃 닿은 자리마다 희망이 순식간에 식어가는 겨울이다

제2부

누수현상

바닷가 허술한 슈퍼 기웃거리는 가로등 그림자에
친구는 얼굴 묻고 소주를 들이켰다
바람 속에 눈부시게 꽃피어도
바람결에 누군가는 떠나가서 돌아오지 않았다
송정 비치슈퍼 앞에서 그러는 사이 우리는
오도 가도 못하게 차츰 늙어버려
골목길에 버려진 바람 같았다
사랑했었다, 그 과거형 문장처럼
늙으면 무엇이든 줄줄 샌다는 것쯤 나도 안다
구덕포 바다 위에 새하얀 달 띄워놓고
울어본 적 없는 바람 찾으려 해도
진작부터 구경 나온 어둠만 웅크리고 있었다
집으로 가는 택시 안에서
반복되는 친구 맹세만 지겨워졌다

그럴 나이

동네 개나 물어갔으면 좋겠다는 나이
대체 몇 살일까

눈물 많아져 사람이 쉬이 그리워지는 나이일까

해 지면 외로운 산 그림자 마을로
가만 내려와 어슬렁거리듯
마음속에 따뜻한 알전구 하나 켜두고
나에게 오는 길, 등대처럼 밝히는 나이일까

그러다 겨드랑이에서 간질간질
새봄도 돋아나는 나이일까

눈감으면 인기척도 반가운 나이일까

오늘도 꽃같이 연약했던 사람들
미소로 기다릴 나이일까

너에게 처음 건너가던 날

벤치에서 소년이 일어나
연못에 작은 돌멩이 연신 던져 넣는다
곁에 있는 소녀 아무 말 없고
생각 깊은 연못도
이렇다 할 속내 보이지 않고 잔잔한데
연못의 마음 얻으려 뿌리째 머리 박고 있는
수양버들처럼 소년 숨소리만 거칠다
다시 한 번 돌멩이 하나 쏙
참다못해 노을이 붉으락 연못 안으로 뛰어들자
파문에 출렁이는 소녀 마음
자꾸만 자꾸만 소년에게 건너가고 있었다

이놈의 나이

참, 고약하군
단단한 맷집 뚫고
뼛속 파고드는 찬바람에
옷깃 단속해도 속수무책인
이놈의 겨울,
이놈의 나이*

나이가 겨울처럼 헐벗을 때
마음 여러 번 흔들렸음을 고백한다
난 불혹을 몰랐다

그래도 이 나이에
영혼은 비틀거리지 않았다, 고
용서받자

내 나이는 지금 어디에 있을까

베란다 타고 온

햇볕 한 장 한 장 펴서
벽지 바르듯
세월의 외풍 막아도
나이야, 넌
또박또박 말대꾸하듯 따라오느냐
이 겨울 데리고

이놈의 겨울,
이놈의 나이

---

*파트리스 르콩트 감독의 영화 〈이본느의 향기〉(1994)에서 나오는 대사.

저희 가운데 계시나이다

삼종기도 마치고 대문 없는 성당 나선다
한낮 종소리 이미 간 곳 없고 입구에는
할머니만 남아 꽃을 판다

마리아상 지날 때 앳된 프리지아 꽃눈과 마주쳤다
갑갑한 바구니에서 고개 삐죽
한 묶음에 삼천 원이다

생명 되어 제법 먼 길 돌아 왔을 꽃값 치고는
그저 죄송하다

할머니는 화마에 손가락 모두 잃어
꽃도 돈도 집지 못한다

죽을 때 단돈 천 원짜리 한 장 손에 쥐고
갈 수 없다는 것 남들보다 먼저 알아
감사하다고 웃는다

사람의 말씀 귀에 담으니

이 세상 모든 것

찰나에 꽃 되어 스쳐간다

고해성사

나이 먹을수록
죄 짓지 않고 하루 살아내는 일
온힘 다해도 어려운 줄 안다
어른이 될수록
남은 시간 사람답게 살아야지 하고는
대낮에도 종종 사람 놓친다
두드려도 깨어나지 않는 가난한 마음
알면서도 가고
몰라서도 가는 세상 끝에서
나이 먹을수록
우리가 가여운 영혼인 줄 안다

봄동처럼

손 얼고 귀 시려도
잡히는 뭐라도 움켜쥘 힘은
애초부터 과욕이고
날려가지 않게 납작 엎드리며
생생한 겨울 공포 견디는 게
고작이었다

가림막 하나 없는 곳에 태어나
가슴에 머문 부끄러움
노랗게 저려질 때쯤
그제야 품어준 대지를 생각했다
나는, 아삭거리며
봄이 될 수 있구나

눈[目]

꽃, 피려면 꽃눈 먼저 떠야 한다

꽃, 보려면 내 눈 먼저 크게 떠야 한다

봄과 눈을 딱 마주쳐야 꽃, 피운다

아침에 눈뜨는 것

사람에 눈뜨는 것

그래서 세상에 싹트는 것

내 앞에 있는 누군가 모를 당신이라도

눈 맞추는 것이 먼저다

제대로 들여다봐야 하는 거다

내가 먼저 눈뜨지 않으면 아무도 담을 수 없다

눈뜨면 봄도 사랑도 꽃, 피어 오는 것이다

충고

바싹 마른 햇살 가늘게 떨고 있는 화단 앞에
서둘러 차 세우고 돌아서는 출근길
갈까 말까 헤어질까 말까 기약할까 말까
낙엽이 외로운 말들 건넨다

그깟 가을이라고 이리 바쁜 사람 붙잡나
부는 바람 없어도 매일 흔들리는 게 일상인데
헤어진다 안 헤어진다 나쁜 여자다 아니다
전화 한다 안 한다

사무실에 앉아 달력 보니 10월 끝에
그때의 가을 여태껏 걸려 있다

붉게 피어나는 이름 하나
가슴에 새겨두라는 말인 줄도 모르고
아침부터 면박만 주었구나

보낼까 말까 잊을까 말까 그리워할까 말까

사월 목련

다 큰 여자가 초등학교 담벼락 넘어
내 안으로 뛰어들어 옵니다
뽀송뽀송한 웃음소리
손으로도 만져졌습니다

새하얀 목덜미 길게 늘어뜨리고 날 바라볼 때
나는 어쩌자고 덜컥 마음 열어주었을까요

하루하루 저물어가는 당신 만나고서야 사람이 사람이
외로운 줄 알았기 때문입니다

몸에서 찬란한 빛 지워가면서도
차가운 맨살로 천리 길 봄 길어 올리는 그대 보니
문득 내 여자가 되었으면 좋겠다는 생각을 했나 봅니다

당신에게 받은 것
봄마다 소금씩 놀려주려면 한 생애는 걸리니까요

실례지만 몇 살이세요?

올해 나이가 어떻게?
왜요?
궁금해서요
알아서 뭐 하게요?
위로 받고 싶어서요
내 나이가 도움이 되나요?

비슷한 나이의 여자를 보면
그 여자 소식 알 것 같아서요
당신처럼 늙어갈 것 같아요
당신처럼 그도 살아가는 거겠죠

뭐라 할까 가끔, 아주 가끔
그 누군가 살아가는 모습이
궁금할 때가 있다
비가 올지 안 올지 모를
어설픈 날씨 창문 너머로 바라볼 때나
찬밥 물에 말아 먹으며 라디오 사연 들을 때나

무단히 궁금할 때가 있다
날 잊었는지 상관없이

만추

아침이 밝았는데도
달은 뜬눈으로 서 있다

다시 젊어진 아침 물고 와 푸른빛 토해내고
사라질 달빛 같은 나이, 중년이라는 것이
더는 물러설 곳 없어
물색 고운 낮에도 몽유하듯 떠돈다

발목 깊숙이 빠져드는 모래밭에
쭈그리고 앉아 신발을 털어내도
쉬이 떨어지지 않는 무모한 미련들
알알이 박혔으니

아직 오지 않은 내 마지막 뒷모습까지 버리면
스르르 너에게 깊어지는 가을
늦도록 울겠네

길을 내어라

불덩어리 올라선다
어둠 밟고 일어서야 비로소 빛 된다
뿌리까지 차가운 겨울 아랑곳 않고
빛 잃지 않는 매화처럼 한 뼘 한 뼘
새로운 길 내어 보아라
길 없는 가지 끝에서 불꽃 피듯
맨 마지막에서 시작되는 길
한 발 한 발 내어 보아라
어디쯤에서 잃어버린 별 다시 찾을지
언제쯤 주저앉아 울게 될지
비는 또 얼마나 내릴지 알 수 없지만
흔들리는 그림자라도 안고 가야 할 너의 길
네 가슴속 불덩이 하나 끝내 꺼뜨리지 않는다면
너는 결코 무력하지 않다

금단현상

타이머가 부착된 거리의 간판이
발광(發光)을 준비하는 사이
밤은 밤대로
사람들의 그림자 벗겨
어둠 모으기 시작하고
나는 나대로
당신 없는 공포에 시름시름 쇠약해진다
한번 가버리면
돌아보지 않으면서도 끝내
레일을 재우지 않는 막차처럼
내 마음 한복판 지나가면
처음 했던 말들
창밖 서성이던 별들
울음 밟으며 돌아갔던 밤들
또다시 깊어 가는데
나만 깨어나 당신에게
멈추어 서 있다
당신을 물고 놓아주지 않는 말

사랑한다는 말
당신이 다 가지고 가버리지 않았던가
사랑 견디지 못하고
환하게 밤새우는 그리움
시작하면 더는 줄일 수 없다

무인도

지긋지긋하게 외롭다 해도 저만 할까

사는 이유가 견디는 것이라면

나는 이미 당신의 섬

파도 불러 검은 연필심처럼

매일 몸을 가지런히 깎아서

그대 잘 있는가,

안부편지 쓰다가 느닷없이 떨어지는

발끝 모래알 눈물

언제나 아닌 척 닦고 기다린다 해도

난생(卵生)의 꿈 찾아 돌아가는 연어 떼조차

속절없이 스쳐 가겠지

내 그리움 사라지는 시대는 올까

육지 향해 몸 뒤집으니 해가 진다

입춘대길

올해부터 힘없는 사람 믿기로 했다
무엇 하나 뺏어본 적 없는
행복한 사람 다시 믿기로 했다
죽었다 깨어나는 새벽처럼
텅 빈 사람 믿어주기로 했다
가진 것이라고는
제 거친 숨소리와 희망밖에 없어서
가난한 사람 믿는 것은
하루하루 힘내는 일이다
여태 얼어붙은 것들
하나하나 일으켜 세우는 봄날
제일 먼저 일어나
몸 낮은 사람으로 돌아가기로 했다

제3부

그 집 앞

아침부터 겁 없이 쏟아내고 스러지는
눈발 사이에서
대책 없는 사랑 생각한다
라디오에서는 내가 사는 남부지방에
그리움 하얗게 쌓이고 있다고 호들갑이지만
당신과 나 잇던 길마저 지워져 버릴까
걱정이다
그대 가슴속에 누가 왔다가 갔는지
당신은 모를 슬픈 이야기 안고
돌아오는 버스 창문에 호―호 불며 삐뚤삐뚤 써 보지만
뿌연 입김만큼이나 서둘러 사라지는 그대 이름
한 번도 두고 내린 적 없다
감당 못할 이별 애당초 없었던 것이다
혼자 왔다가 혼자 가버리는 눈처럼
무작정 무너지고 무너지던
그 집 앞

밥

우리 사랑하는 것 하루 세끼 먹는 일과 별반 다르지 않다

쌀뜨물 손등으로 재듯 살포시 님 오신 마음도 다독여주고

가슴 속속들이 잘 익도록 기다려주기도 하다가

허기처럼 찾아드는 외로움 밥 한 공기에 담아 함께 나누는 것이잖아

더운밥 딱딱하게 금세 식어 가듯

뜨거운 사랑도 가끔은 천천히 씹어야 하는 법

빈 그릇에 남은 텅 빈 그리움 묵직하지만

배가 부르면 누군가는 쉽게 자리 털고 일어나기도 하는 것이지

먹고 먹어도 또 밥, 울고불고하다가도 또 사랑

환하게 밥 오물거리는 입술 속은 늘 다디달다

단풍이 피었다

살아있고 싶어서 사랑했겠지만
이별한대도 세상 여전히 붉디붉다

사랑할 때는 영원히 시들지 않고
이별할 땐 상처가 늙지 않으니
그대 지울 수 없다

여자가 남자를 떠나거나
남자가 여자를 버리는 것이 아니라
사랑을 서툴게 나누었을 뿐이다

가을 속 깊은 고목
온힘 다해 잎들 떨구어 보내도
무너지지 않고
하늘 떠받치고 있는 것처럼

이별한 사람도
울긋불긋 쏟아지는 추억들로

주린 마음 채워서
세상 또다시 물들일 기세

막다른 길 돌아 나올 때
멋쩍게 짓는 웃음처럼
사랑이 사람을, 사람이 사랑을 들락날락하다가
한 뼘씩 멀어지는 것

그림자

나는 당신의 영원한 덤이잖아요.

마음 두드리다

예불이 시작되었나 톡 톡 톡
멀리서 목어(木魚)가 소리 깊이 삼킨다
공양 준비하느라 바쁜 산새들도
곧은 자세로 독경하고
환생한 봄비도 너른 바위 위에 앉아 참선하고
산비탈 늙은 참꽃도 미련 없이
봉우리 쉬이 터트려 인연 지운다
끝내 놓아야 할 마음
허공에 보내면
나에게 너는
잠시도 머물다 간 적 없다

나팔꽃 사랑

처음부터 사랑에 목숨 걸었다

시리게 푸른 잎들 한 장 한 장 디디고

벼랑 끝에서 푸른 하늘로 외줄 탄다

화단에는 지상의 말[言] 더 이상 심지 않을 것이고

몸속에다가는 아,

외마디 탄성으로 무거운 것들

가볍게 하는 모음들만 가득 채운다

내일은 너 위해 더 버릴 것이다

하늘과 땅 오가는 일이란 참 쓸쓸한 것이지만

나는 지금 사랑의 뼈대 세우는 중

아찔한 그리움에

이리저리 흔들리기는 하겠지만

결코 뿌리 놓치는 일이란 없을 것이다

온힘 다해 그대 손잡고 있다

낙엽

굳이 숫자로 센다면
아마도 얼마간의 푼돈 같은 세월이었을 텐데
너 만나 봄 쑥처럼 부풀었고
장맛비마냥 울음 달고
그냥저냥 살아왔다

떨어지면 까마득한 전생이고
깨어나면 억겁의 모를 일이다

허리 한번 펴보지 못한
늙은 모친 밭고랑 주름처럼
꼬깃꼬깃하게 파종한 과거 훑다 보면
그래도 나는 사랑했구나, 하고
안도한다

너와 내가 물들어서
가을이 제대로 불타는 것이지
칭칭 바람만 감아 안고

응어리로 남겨진다면
어디에도 우리는 깃들지 못하지

한번 떠나온 길 돌아갈 수 없어
아, 가을은 내 나이만큼 거침이 없구나
들판에서 뜨거운 기도 털어내고
승천 기다리면 조용히 겨울이다
세상에서 스치지 않는 것은 없다

가을이 허기지는 이유다

테트라포드의 사랑

그는 수평선이었다

부서지지 않아 늘 단단했다

영혼은 깨지고 부서졌다가 다시 온전해지는 것

그래서 사랑도 무겁다가 사소하고 가볍게

한순간 당신에게 무너지는 것

만나서 부서지지 않고 어찌 서로 알아볼 수 있을까

데굴데굴 굴러와 파도가 나에게 터진다

오늘은 처음 사랑하는 날

당신이라는 이름의 꽃말

사랑한다는 말 참 외로운 말
나 여기 있으니 꼭 안아달라는 꽃말

영원히 사랑한다는 말 참 쓸쓸한 말
찬바람 불 때는 당신 곁 떠나지 않는다는 꽃말

한 번도 사랑하지 않았다는 말 참 눈물 나는 말
한 번도 그대 보낸 적 없다는 꽃말

사랑할 수 없다는 말 참 서글픈 말
세상에 꺾이는 모습 보이기 싫다는 꽃말

사랑했다는 말 참 저리게 하는 말
일찍 전하지 못해 후회하고 있다는 꽃말

사랑 없이는 질대 실 수 없다는 말
얼어붙은 울음 붉게 토해내고 가슴에 피는 꽃말

호출 신호

사랑이 올 때보다 떠나 있을 때
더 그리운 법

산복도로 정류장에는 버스 못 온다고
연신 문자만 뜬다

손 호호 불며, 첫눈이야

교복 입은 여자아이 전화 목소리가
눈송이처럼 흩어진다

아이 입에서 펑펑 쏟아지는 첫눈
소복이 쌓여갈 때

나는 그 사람 마음속으로
한 점 되어 아득해지도록 걷고 걸었다

눈 때문에 못 오는 것이라면

차라리 달콤하여라

발자국 끝나는 집 앞에 서서
그 사람 뒤돌아보니

하얗게 바랜 오래된 약속뿐

매미

내가 운다고 사람들아

나는 우는 것이 아니니 착각하지 마라

사랑하는 이의 이름 부르는 것이다

내 평생 기다린 이름

너희는 사랑하면서도 이별 생각하지만

난 한순간도 버리지 않고 사랑한다

깨어보니 벌써 가야 한다고 해서,

억울해서 한 뼘씩 토해내는 울음 아니라

아침부터 나에게 오라고

길 잃지 말고 너만 오라고 불러주는 이름이다

헤어질 때 몸만 가버리는 이도 있지만

내 일생 몽땅 짊어지고 가는 사랑 위해

한평생 뜨겁게 달군 소리로 초록처럼

짙어지는 매미도 있다

박하사탕

마지막 만났던 곳 육교 밑 약속다방이었나
지나간 팝송에서 후렴구만 살아남듯
가슴 서늘한 이별에서는 늘 박하사탕 맛이 났다
머뭇머뭇 떨어지는 노을 내 안에 가득차서
이대로 내일 같은 건 오지 않을 듯해서
불쌍한 나는 너에게 사랑이라고 소리 내지 못했다
그저 손금처럼 그어진 길 위에다 그 사랑 놓아두고
더는 별 세지 않았다
싸락눈 같은 청춘일 때는 모를 일
그 사람 가고 가도 눈감으면 뒤척이는 이름 하나
거저 준 마음 한 움큼이라도 있어서
그립다 그립다 이제야 말할 수 있겠네

사랑 반대말

그 이름 한번 부르면 가을 한 잎 뚝
자꾸 부르자니 가을 다 져버릴까 걱정이지만
남은 잎들도 햇살 무거워할 때 오겠지요

어쩌면 사랑 반대말은 이별도 미움 망각도 아니고 그리움
일 겁니다

사랑은 꼬깃꼬깃 간직하며 잊지 않는 것 아니라
절대 보내지 않는 것
지금 당장 그 사람에게 미끄러지는 것
그 사람에게 가을처럼 떨어지는 것입니다

같은 하늘 아래서 그립기만 하다면
당신은 그 사랑 끄트머리에 서 있는 것이지요

장맛비

바다 속 물고기 눈물이었다
잘 기억나지 않는 전생처럼
아득하게 사람 찾아 깨운 뒤

투두둑
작년 이맘 때 떠났었나
시리게 묻는다

상처라는 게 주고 싶지 않아도
돌림노래처럼 돌다가
누군가는 떠안게 되는 것인데

한 번쯤은 받았을
당신 사랑 이리도 아팠나

한 발 한 발 합장하며
오는 소리에 묵은 기억이
깊게 패인다

아찔했던 사랑
지금은 어디에 있는지
며칠째 똑같이 물어온다

새어 나온 울음 바닥까지 잠기어
먹먹히 젖는 마음은 내 것인지
혹은 당신 것인지

수박씨처럼

수박씨 아무 데나 툭툭 뱉지 마시라

수박밭 한낮 현기증에도 가난한 손 꼭 잡고
줄무늬로 새긴 약속들
서둘러 쪼개지 말라는 간곡한 말줄임표이자
지난봄 바람 소리 듣고 들어도 깨치지 못한 상사병
알알이 앓고 있는 외로운 밤별들이다

만약에 서로 품고 사는 것이 사랑이라 한다면
작지만 단단한 저 수박씨처럼
그대 붉은 가슴팍에 꼼짝없이 박혀 잠들고 싶다

수박씨 아무 때나 툭툭 뱉지 마시라

제4부

못다 한 고백

꽃이 우수수 떨어진다
길바닥 엎어진 벚꽃잎 보는데
기어코 아내의 닳은 구두 뒤축 눈에 들었다
늙은 아내 눅진한 외출이 저리게 아파 와
그저 눈감는다
아, 그대 나보다 더 외롭게 길 걸었던 여자였구나
속마음 하나도 감추지 않고 털어놓는
벚나무 고백 깔린 길 위에서
꿈쩍없이 쭈그려 앉아
당신 마음 한동안 들여다본다
내 마음 우수수 그대에게 떨어진다

부전자전

아버지 가슴속에 가을이 있었다는 것

눈치채지 못했습니다

차창 밖으로 환하게 걸어가는 은행나무 볼 때도

여전히 아버지를 떠올리지 못했습니다

가신 아버지는 그저

동쪽에서 서쪽 사이만큼이나 떨어져 계셔서

늘, 물 한 모금 없이 긴 사막 건너야 하는 낙타로만

생각했습니다

이 가을도 한때는 아버지 속에

온전히 앉아 있다가 나에게 왔을 텐데요

까치밥처럼 남겨진 그리움

가을 몇 알이라도 나란히 걸어둬야겠습니다

눈물꽃

별이 반짝입니다

그런데 자세히 보면 반짝이는 눈물입니다

이 땅에 남기고 간 사람들 위해

피다가 지다가 흔들리며

밤마다 추억처럼 돋아나는 눈물꽃입니다

뜨겁게 뿌려지는 눈물 아니고서야

어찌 저리 먼 데서 빛날 수 있겠습니까

뜨겁게 사랑하다 울어본 사람은 압니다

그 사람 위해서라면 하얗게 불태울 수 있다는 것을

정작 아침이 되면 말 한마디 못하고

돌아서 후드득 떨어지는 눈물꽃이지만

더 밝게 살아가라고

당신 밤길 반짝반짝 닦아줍니다

부동(不動)

정말 아픈 이에게
그 아픔 알 것 같다는 말
그동안 쉽게 해왔다

상처 다시 보여주며
날카로운 햇빛으로 찌르는 거울 같은 말보다
한낮 햇살 말없이 관통시키는
저 유리창처럼
차라리 말문 닫고 가만히 있어야 했다

마음 깨어지면
말문이 막혀버린다는 것
슬픔은 당한 자의 몫이라는 것

멀리서 울어도 가까이 있는 아침 새소리
조용히 닮고 싶을 때가 있다

생을 듣다

여름 새벽까치 울음부터 마당이 훤하다. 시리게 푸른 잎들 한 장 한 장 디디고 올라와 빵, 붉게 터지는 함성으로 나팔꽃도 문안 여쭌다. 잎겨드랑이 사이로 흘린 바람들 길어다가 한 바가지 뒤집어쓰고 시원하게 머리 흔드는 강아지풀. 늙은 호박꽃잎 터트려 만든 초록 치마폭, 움켜쥐고 있는 어린 호박들도 뭉클하다. 이 넓은 지구에서 의지할 사람 하나 없어도 포기하지 않고 터전을 찾아 색과 향 피운다. 최후까지도 절망하지 않고 엎드려 가만히 여물어 가는 침묵 같은 것들. 오늘도 귀 쫑긋 열어 텃밭 생애들 찬찬히 귀담아본다. 이놈의 세상, 힘들어 못살겠다고 아내에게 한 말 후회된다. 살아서 대답하는 것들이 저토록 많은데, 해진 마음 다독다독 꿰매주는 반가운 귀엣말 가슴에 퍼 담는다.

어머니 발톱

생일 아침 어머니와 미역국을 먹었다
아침햇살처럼 식탁 아래로 수줍게
삐져나온 어머니 발 보며
발톱 좀 깎아야겠다, 하니
귀 어두운 어머니 모른 체하신다

어머니 거친 발 잡고 보니
참, 못났다 그중에서도 엄지발가락
웃으며 시작한 발톱 깎기는
한숨 속으로 빠진다

세상 무게와 진부한 세월 버티고 서 왔을
저 발
사막 모래바람처럼 퍼석퍼석 날린다
몸을 가볍게 하고 계신 건가

먼지로 돌아가는 것이 사람이라고
암만 그래도

어머니 생애가 저리 가벼웠던 적 있었나
상처 난 당신 꿈들은 다 어디로 갔나

해맑은 볕 사이로 뒹구는 어머니 흔적들
염(殮) 하듯 조심조심
고운 종이에 싸서 쓰레기통에 묻는다

우수수

얼마나 쓸쓸한 일인가
곁 내주던 사람 뒷모습 보는 일
그래서 줬던 마음 돌려받지 않는다

얼마나 외로운 일인가
기억 속에 그 사람 온전히 담는 일
그래서 떠날 때 마음 한 칸 비워둔다

얼마나 눈물 나는 일인가
우리 다시 만날 곳 저편에 있다는 것
그래서 끝물 단풍도 기쁘게 나목(裸木) 태운다

애앤하게 우는 소리 아니다

음성사서함에 메시지가 하나 있습니다

겨울이어도 쓸쓸하면 가을이듯

한 번도 잊지 않았다는 인사
날 잊고 살았다는 말인 줄 안다

떠났던 당신이 데리고 가버린 것도 사랑이고
흘리고 간 것도 사랑일까

내일이면 더 늙어가고 내일이면 더 외로워질 텐데
가슴 터지도록 두리번거리는 소리
끝에서 작아지다 멀어지는 저 소리

우리 닮았잖아

한 번쯤은 너 걷어낸 자리에 봄 심고 싶다

아버지를 읽는다

아버지는 어디로 가버린 걸까

기장 대변항 붉게 녹슨 멸치잡이 배는
새벽잠 밀어내며
통증 하나쯤 가슴에다 묻고 사는 사내들 태우고
썰물이 되는데
횟집 수족관에 갇혀 있는 파도 소리마냥
사내들 말 잃은 지 오래이다

해풍에 파르르 떨리는 별들이 마지막까지
꺼지지 않으려 하듯
그저 인생도 흘렀다 개었다가
서툴러도 버티며 살아야 하는 것인데
불운한 물고기의 생애와
사내들의 생계가 뒤끓는 그물 속
어지럽게 박혀 있는 서러운 운명 언제쯤 털어낼까

울음 많은 갈매기만 걱정 깊어 서성이고

항구에서는 불빛만 새록새록 살아나는데
아버지는 대체 어디로 가버린 걸까

경계에 서다

어머니 집은 텔레비전 소리만 넘치는 요양병원 10층

거기서 어머니 기억은 나날이 젊어지고

나는 조금씩 늙어갔다

모자(母子)가 집을 나선 일요일 한낮

물오름달 시샘바람은 제법 길어

팔십을 한참 넘긴 노모에게

세상은 끝나는 날까지 만만치 않다는 것

가르치려 든다

이 세상에는 잠시 멈춰 서서 울다가 떠나도

늦는 일이란 없어서

행복해지는 것과 너무 불행하지 않기를 바라는 것

그 경계에서

어머니와 나는 메마르지도 부서지지도 않고

끝끝내 서 있다

엄마가 다녀가셨다

집 앞 놀이터에서 바싹 튀겨지는
꼬마들 웃음소리 방으로 훌쩍 뛰어들어 와
여름날 내 오수 흔든다

마침 나는 치자나무 끝 만첩(萬疊) 꽃 속에서
엄마 붙잡고 서럽게 울고 있었는데
그네 걸터앉은 깨알 같은 녀석들 호들갑에 놀라
엄마 손 그만 놓치고 말았다

어릴 적
놀다가도 밥때 되면 공터에 혼자 남겨지곤 했는데
친구 엄마들처럼 쩌렁쩌렁한 목소리로
날 거두어들이지 못한 것 내내 미안하셨는지
이제야 놀이터 아이들 시켜
목청껏
날 부르시다 가신다

죽도록 사랑해라

햇살 좋은 토요일 뭐 할 거냐는 여자 친구 카톡에
내 엉덩이는 벌써 들썩들썩
폰 그만하고 이번엔 장학금 좀 받아라
아버지 명퇴 뒤 어머니 잔소리 더 심해졌다
급탕비 많이 나왔더라
안 쓰는 전기 플러그는 좀 뽑아놓고
조용히 아버지 방에서 나오시더니
사랑은 함부로 뽑아두지 마라 전기는 통해야지
공부로 안 되면 사랑이라도 죽도록 해라
미지근하지 말고 뜨거워져라
돈도 못 버는 놈이 연애는 무슨, 어머니 말씀에
조오을 때다—
아버지 만 원짜리 두 장으로 불 지피시고 나가신다

빈 화분

물만 줘도 쑥쑥 크는 관음죽
제 혼자 큰 줄 알았는데
분갈이 뒤 덩그러니 남겨진 빈 화분
먼동에 떨어진 햇빛
새벽부터 길어다가 작은 것들 입에 물리고
찬바람에 손발 얼까 포대기 칭칭 감아
등짝 내준 어머니 같다

장성한 아들 뿌리 통째로
품안에서 내놓고도
아무 말씀 없이 입가로만
웃고 서 계신 어머니
새들 타일러 산으로 돌려보낸 빈 화분마냥
속으로 얼어버린 그리움만
담았다 풀었다 하셨겠지

꽃 한번 피워드린 적 없고
여태껏 눈물만 빨아먹어 그런지

어머니 늙으신 몸에는
자식들 냄새만 가득하다

사는 게 눈부시다

니 해운대 알지

저어기 장산 너머 큰 바다
저리 눈부신 것은
푸르도록 멍든 가슴속에 마르지 않는
투명하고 서러운 소금눈물을
머금고 있어서 그럴지 모른다

쪼매난 사람들 사는 곳에도
태반이 눈물인데,
아버지 입버릇처럼 말씀하셨다
세상이 신기루다

수평선 쫓다가 눈 멀어버린 뒤에야
후회 콸콸 파도로 쏟아내며
세상 끝까지 밀려와 각혈하는
바다와 사람이 닮았다고 했다

바닥까지 뒤집히며 사는 것이라는데
부대끼며 이리저리 밀려가는 것이라는데

가난한 마음들 밤마다
짜디짠 통곡하다 쓰러져도
한숨 자고 나면
붉은 해 뜨겁게 물드는 바다 품어
사람들이 눈부시게 다시 살아난다고

몸속에 푸른 바다 매일 살아서 꿈틀
아버지도 사람들도
그래서 출렁거렸나보다

진달래 꽃피다

삼 년 내내 앓다가 가셨다는

당숙의 하얗던 얼굴 잊었지만

사월 기제가 오면 어린 당숙모는

가슴속 비밀하게 살아있는 귀촉도 한 마리 불러내

앞산에 불 놓듯 울음 푸는데

꽃으로 피고 싶었던 날들이 얼마나 많았던지

좀처럼 멈추질 못했다

해설

연민의 시학
― '나'와 '당신'에게

전해수 문학평론가

정성환 시인의 첫 시집 『당신이라는 이름의 꽃말』은 '회한'과 '연민'으로 되새겨진 시집이다. 여기서 '회한'이라 함은 어느새 인생의 중반을 훌쩍 지난 한 사내가(시인일 것인) 하나둘 희어진 머리카락처럼 '늙어가는 것'을(「만추」, 「그럴 나이」, 「이놈의 나이」, 「실례지만 몇 살이세요?」) 쓸쓸하게 되짚고 있는 점을 말한 것이고, '연민'이라 함은 "사는 이유가 견디는 것"(「무인도」)이었던 젊은 날을 지나 "사랑이 한 뼘씩 멀어지는 것"(「단풍이 피었다」)을 시인이 마음의 일로 몹시 안타깝게 여기고 있는 점을 주목한 것이다.

특히, 정성환 시가 품은 '연민'의 감정은 쓸쓸하고 외로움에 가득 차 있으면서도 (남은) 생을 향한 따뜻한 시선을 동시에 품고 있어서 특징적이다. 그는 과거를 되짚고 있지만 회한의 그림자에 사로잡혀 눈물 젖은 고백으로 침울해 있지 않고, 나와 동행하며 저물어가는 주변의 대상들을 따뜻한 '연민'의 시선으로 바라보고 있다.

> 얼마나 쓸쓸한 일인가
> 곁 내주던 사람 뒷모습 보는 일
> 그래서 줬던 마음 돌려받지 않는다
>
> 얼마나 외로운 일인가
> 기억 속에 그 사람 온전히 담는 일
> 그래서 떠날 때 마음 한 칸 비워둔다
>
> 얼마나 눈물 나는 일인가
> 우리 다시 만날 곳 저편에 있다는 것
> 그래서 끝물 단풍도 기쁘게 나목(裸木) 태운다
> ―「우수수」 부분

시 「우수수」는 가을날을 모두 가져가는 "끝물 단풍"이 지는 모습을 바라보며 인생을 회고한다. 과연 "우수수" 떨어지는 저 단풍처럼 삶이란 "얼마나 쓸쓸한 일"인가. 이처럼 살아간다는 것은 "곁을 내주던 사람의 뒷모습을 보는 일"들의 연속이어서 몹시 쓸쓸하고, 외롭고, 눈물 나는 시간으로 가득

하기만 하다. 그러나 시인은 "우수수" 떨어진 단풍을 하염없는 쓸쓸함으로만 새겨 두려 하지는 않는다. "기쁘게" 마음 한 칸을 비워두며, "다시 만날 곳 저편에 있"는 생의 나머지 시간을 맞이하고자 한다. 시인에게는 어찌 보면, 쓸쓸하고 외롭고 눈물겨운 가을날 "끝물 단풍"의 떨어지는 광경마저도 시의 제목 "우수수"가 포괄하고 있는 저 황망한 느낌으로 (하염없이 우수수 쏟아지듯) 세월의 빈자리를 '연민'의 마음으로 그려 넣고 있는 것이다.

> 독거독거독거독거 발음하다 보면
> 어릴 적 툇마루 밑에서 살던 도그 새끼가
> 생각나 그 말 싫은데
> 삼나무 뾰족한 손들 잿빛 하늘구름 콕콕 찔러
> 고인 빗물 우두둑 털어내는 새벽부터 나는 절간
> 혼자 사니 할 말도 갈 길만큼 멀어져
> 쫑긋 정신 세워 봐도 가는귀만 먹는다
> 기나긴 구약 시편 읽다 모세도 다윗도 지쳐 들어가면
> 한낮인데도 외로움 굵어져 가슴에 큰 돌멩이
> 하나 얹어야 살 것 같다
> 침묵에 짓눌린 장판지 푸른곰팡이는 벽 타고 이리저리 다니는데
> 내 문밖 외출은 늦게 돌아온 메아리마냥 뒷심도 없고
> 일기라도 한 줄 쓸라치면 유서 같고

부모님 전 상서로 시작하는 편지는 아예 부칠 수 없는 독거의 밤,

나는 이미 다 자란 사람처럼

오늘도 아주 잘 지낸다고 말했다

―「나는 아주 잘 지낸다」 전문

"독거독거독거"로 숨 가쁘게 발음하는 바와 같이, 연거푸 휘몰아치는 외로운 독거의 날들을 뼈저리게 체감하다가도, 시인은 "독거"의 발음 속에서 "어릴 적 툇마루 밑 도그 새끼"를 (감각적으로) 연상하는 재치를 발휘한다. 이 점은 시인이 쓸쓸함과 외로움의 정서를 자기연민의 행위로 그치지 않고, 패러독스의 유쾌함을 통해 낯선 비애를 마주하는 여유로움마저 연출해내는 모습을 보여준다. 또한 "혼자 사니 할 말도 갈 길만큼 멀어"지는 한낮의 공허(침묵)를 통해, 화자의 고독에 짓눌려 "이리저리 벽"이나 타는 "푸른곰팡이"와 "나"의 유희 공간을 나눠 가지는 시적 표현도 눈길을 끈다. 위 시의 제목처럼 "나는 아주 잘 지낸다"라는 역설의 메시지가 사뭇 절감(切感)되어 가슴이 그저 아릿해져 오는 것이다.

위 시에서 "유서"라든가 "부칠 수 없는" 편지, "침묵", "독거의 밤" 등 위태롭고도 극에 치닫는 외로움을 드러내는 단어들은, "별 일없이" "아주 잘" "지낸다"는 힘겨운 일상의 모습을 역설적으로 그려내어, 마치 "아주 잘 지내"는 일이란 "이

미 다 자란 사람처럼" 성장통도 없고 기쁠 것도 없는 무미건조한 하루하루의 연속을 적시하는 것이어서 더욱 애잔한 쓸쓸함이 묻어난다.

   니 해운대 알지

   저어기 장산 너머 큰 바다
   저리 눈부신 것은
   푸르도록 멍든 가슴속에 마르지 않는
   투명하고 서러운 소금눈물을
   머금고 있어서 그럴지 모른다

   쪼매난 사람들 사는 곳에도
   태반이 눈물인데,
   아버지 입버릇처럼 말씀하셨다
   세상이 신기루다

   수평선 쫓다가 눈 멀어버린 뒤에야
   후회 콸콸 파도로 쏟아내며
   세상 끝까지 밀려와 각혈하는
   바다의 사람이 닮았다고 했다

   바닥까지 뒤집히며 사는 것이라는데

부대끼며 이리저리 밀려가는 것이라는데

가난한 마음들 밤마다
짜디짠 통곡하다 쓰러져도
한숨 자고 나면
붉은 해 뜨겁게 물드는 바다 품어
사람들이 눈부시게 다시 살아난다고

몸속에 푸른 바다 매일 살아서 꿈틀
아버지도 사람들도
그래서 출렁거렸나보다
―「사는 게 눈부시다」 전문

  그런데, 위 시의 제목처럼 사실 "사는" 일이 "눈부시"게 아름다운 것은 아니다. 시인은 위 시 「사는 게 눈부시다」에도 「나는 아주 잘 지낸다」와 마찬가지로 (제목을 통해) 역설의 의미를 내포하고 있다. 화자는 해운대 바다의 출렁이고 부서지는 파도를 보며 돌아가신 아버지의 전언을 떠올린다. 해운대에 서면, "쪼매난 사람들이 사는 곳"의 "태반이 눈물"인 이 세상을 "신기루"로 말씀하던 아버지가 문득 떠오르는 것인데, 나에게는 "신기루"라기보다는 "파도로 쏟아지며" "각혈하는" 저 바다가 아버지처럼 사람과 아주 닮아서 "바닥까지 뒤집히며" "부대끼며 이리저리 밀려"가는 것이기에 "사는 것"

도 이와 한가지로 처연한 것이다. 결국 가난한 마음을 지닌 사람들의 통곡은 해운대 파도처럼 부서지며 "몸속에 푸른 바다"가 꿈틀거려 출렁거린 것이었다는 아버지의 말씀을 되짚게 하고, 저 해운대 바다처럼 쓰러지고 출렁거리다 다시 일어서는 것이 삶이라는 사실을 다시 깨닫게 한다. 그리하여 해운대 파도처럼 삶은 "몸속의 푸른 바다"를 마냥 뒤틀며 뒤집고 밀려가며 살아가는 일마저도 과연 "눈부신 일"에 다름 아닌 일이 되는 것이다.

위 시 「사는 게 눈부시다」는 해운대의 푸르고 멍든 파도처럼 살아가는 삶의 원형성을 그려내며, "투명하고 서러운 소금눈물" 같은 생이 파도처럼 머금고 있는 저 바다를 통해 "태반이 눈물"이더라도 결코 눈물이 아니라는 역설의 정서를 전달하고자 한다. 그런 것 같다. 밥처럼, 밥 먹는 것처럼, 일상에서 쏟아지는 가여운 마음들이 지천에 있기에, '연민'은, 나와 당신의 주변에, 늘, 머물러 있다.

우리 사랑하는 것 하루 세끼 먹는 일과 별반 다르지 않다

쌀뜨물 손등으로 재듯 살포시 님 오신 마음도 다독여주고

가슴 속속들이 잘 익도록 기다려주기도 하다가

허기처럼 찾아드는 외로움 밥 한 공기에 담아 함께 나누는 것이잖아

　더운밥 딱딱하게 금세 식어 가듯

　뜨거운 사랑도 가끔은 천천히 씹어야 하는 법

　빈 그릇에 남은 텅 빈 그리움 묵직하지만

　배가 부르면 누군가는 쉽게 자리 털고 일어나기도 하는 것이지

　먹고 먹어도 또 밥, 울고불고하다가도 또 사랑

　환하게 밥을 오물거리는 입술 속은 늘 다디달다

―「밥」 전문

　사랑하는 일과 그리움은 그러니까 같은 말이다. "먹고 먹어도 또 밥, 울고불고하다가도 또 사랑"이라는 시구(詩句) 속에서 시인의 사랑법이 되살아나 꿈틀댄다. 그렇다. 사랑은 외로움이고 그리움에 다름 아니다. 누군가는 배가 부르면 쉽게 자리를 털고 일어나는 것처럼, 사랑은 충만해지는 그 순간 모든 사랑의 마음을 털어버리고 이내 달아난다. 다음에 그

자리엔 "텅 빈 그리움"이 묵직하게 차지한다. 결국은 허기처럼, 다시 외로움이 찾아들고, 당신과 함께한, 밥 한 공기 담아, 함께 나누는 사랑을 다시, 간절하게 원하게 된다.

밥을 먹듯 무심하게 그러나 절실하게 (생사와 관계된) 사랑의 감정은 오물거리는 그 "입술 속"의 밥 한 그릇처럼, 밥을 품은 입의 말들처럼, 다디달다. 그런 것인가. 위 시의 첫 구절의 증명처럼, 절대로 우리가 살아가는 일은, 사랑하며 사는 일은, 그저 "하루 세끼 먹는 일과 별반 다르지"는 않은, '밥'의 일이다.

> 사랑한다는 말 참 외로운 말
> 나 여기 있으니 꼭 안아달라는 꽃말
>
> 영원히 사랑한다는 말 참 쓸쓸한 말
> 찬바람 불 때는 당신 곁 떠나지 않는다는 꽃말
>
> 한 번도 사랑하지 않았다는 말 참 눈물 나는 말
> 한 번도 그대 보낸 적 없다는 꽃말
>
> 사랑할 수 없다는 말 참 서글픈 말
> 세상에 꺾이는 모습 보이기 싫다는 꽃말
>
> 사랑했다는 말 참 저리게 하는 말

일찍 전하지 못해 후회하고 있다는 꽃말

사랑 없이는 절대 살 수 없다는 말
얼어붙은 울음 붉게 토해내고 가슴에 피는 꽃말
―「당신이라는 이름의 꽃말」 전문

하여 정성환의 시는 사랑을 떠나보내는 일과 사랑했다는 사실과 사랑 없이는 절대 살 수 없다는 말조차도 모두 "울음 붉게 토해내고 가슴에 피는 꽃말"이 된다. 사랑의 메시지를 담은 "당신이라는 이름의 꽃말"은 결국 메시지가 전해지지 않는 '허기진' 사랑이라 할 수 있을까. 정성환 시인은 마침내 사랑이라는 말이 전하는 "꼭 안아 달라"와, "떠나지 말"라와, 당신 없이는 절대 "살 수 없다"는 절절한 말들을 현실에서 일어난 슬픈 이별의 일로 여기지 않고, '꽃말'에 담아 '당신'이라는 전언을 '화전(花煎)'처럼 꾸욱 눌러놓고 있다. 이처럼 시인에게 사랑은 가까이 둘 수 없는 '당신'을 지칭하기에 안타깝고 쓸쓸하다.

수박씨 아무 데나 툭툭 뱉지 마시라

수박밭 한낮 현기증에도 가난한 손 꼭 잡고
줄무늬로 새긴 약속들
서둘러 쪼개지 말라는 간곡한 말줄임표이자

지난봄 바람 소리 듣고 들어도 깨치지 못한 상사병
알알이 앓고 있는 외로운 밤별들이다

만약에 서로 품고 사는 것이 사랑이라 한다면
작지만 단단한 저 수박씨처럼
그대 붉은 가슴팍에 꼼짝없이 박혀 잠들고 싶다

수박씨 아무 때나 툭툭 뱉지 마시라
—「수박씨처럼」 전문

  무심히 입 안에서 뱉어낸 수박씨를 생각해보라. 위 시에서 수박씨를 뱉어내는 행위는 "작지만 단단한" "그대 붉은 가슴팍에 꼼짝없이 박혀" 있던 나의 사랑을 일시에 무너뜨리는 행위로 재해석된다. 수박과 수박씨처럼 서로의 붉은 가슴팍에 박혀, 품고, 사는 것이 사랑이라 여긴 나와는 다르게, 당신은 "아무 때나 툭툭" 어김없이 '함부로' 나를 뱉어낸다.

씨앗은 아니지만
세상 낮은 땅속 어둠 속에서 꿈틀거리며
매일 꿈 만든다
사는 일이 쉽지도 않지만 단 한번에
끝나는 것도 아니니까,
빛 잃은 그믐달도 절망하지 않고

어떨 때는 눈물로

혹은 그리움으로 빈속 채우며

보름달 되어가듯

나는 한평생 한일자로 외길만 굳건히,

알알이 햇살 버무린

거친 흙도 씹어가며 오물오물 걷다 보면

푸른 꿈 매달고 있는

정이 많은 나무 될 수 있을까,

용의 잔해 떠돌다

나무로 환생한다는 메아리 화석이 되기 전에

　　　―「지룡(地龍)의 꿈 제조법」 전문

　정성환에게 시는 현실에 존재하지 않는 천상의 용(龍)이 아니라 이 세상의 지룡(地龍, 지렁이)이 푸른 꿈을 매달고 있는 나무로 환생하는 일이지만, 한평생을 시의 외길만 가도 "절망하지 않고/어떨 때는 눈물로/혹은 그리움으로 빈속 채우며/보름달 되어가듯" 꿈결처럼 지룡(지렁이)의 꿈으로라도 품고 사는 일인 것이다. 만약 시인에게 시의 위의(威儀)가 무엇이냐고 묻는다면, 아마도 그는 망설이지 않고 '미천하나 꿈을 제조하는 지룡(지렁이)'처럼 미미한 사물을 도탑게 바라보는 연민의 마음이라 할 것 같다.

　실컷 울고 난 후 마음이 개운해지듯 연민은 어찌 보면 소박한 '나와 당신'에겐 가장 필요한 위로의 방식이 아닐까. 시는 결국 정성환 시인에게는 삶의 '위로'일 것이기 때문이다. 정성환의 시는 그런 의미에서 따뜻한 '연민'을 품은 시학이라 말해도 좋을 것이다.

이 도서의 국립중앙도서관 출판시도서목록(CIP)은 서지정보유통지원시스템 홈페이지(http://seoji.nl.go.kr)와 국가자료공동목록시스템(http://www.nl.go.kr/kolisnet)에서 이용하실 수 있습니다.(CIP제어번호: CIP2018013396)

문학의전당 시인선 0280

당신이라는 이름의 꽃말

ⓒ 정성환

초판 1쇄 인쇄	2018년 5월 1일
초판 1쇄 발행	2018년 5월 8일
지은이	정성환
펴낸이	고영
책임편집	서윤후
디자인	헤이존
펴낸곳	문학의전당
출판등록	제2017-000002호
주소	서울시 마포구 마포대로 11길 91, 3층
전화	02-852-1977 팩스 02-852-1978
전자우편	sbpoem@naver.com

ISBN 979-11-5896-369-9 03810

* 이 책의 판권은 지은이와 문학의전당에 있습니다.
* 양측의 서면 동의 없는 무단 전재 및 복제를 금합니다.
* 잘못 만들어진 책은 바꿔드립니다.
* 이 시집은 2018 부산문화재단 지역문화예술 특성화지원사업의 지원을 받아 제작되었습니다.